Birgit Utermarck

Fensterbilder rund ums Jahr

CHRISTOPHORUS
BRUNNEN-REIHE

Inhalt

Farbenfrohe Fensterbilder

Bunte Fensterbilder aus vielen neuen Papieren zaubern eine fröhliche Atmosphäre in Ihre Umgebung! Neben wunderschönen Farben gibt es bei dem Werkstoff Papier inzwischen ein wahres Feuerwerk an Mustern: Streifen, Punkte, Karos, Tierfell-, Motiv- und Naturdrucke. Auch die Transparentpapiere sind gemustert und von neuer Qualität. Interessante Oberflächenstrukturen von Naturpapieren oder Stretch-Wellpappe laden zu Experimenten ein. Das Ergebnis sind Fensterbilder von großer Lebendigkeit.

Ihre Besonderheit erhalten viele der gezeigten Motive durch ein bewegliches Bildteil, das nicht fixiert, sondern mit Hilfe von Knöpfen beweglich angebracht wird. So kann das Aussehen der Figuren durch unterschiedliche Stellungen variiert werden. Der Hase kann seine Ohren nach hinten legen, der Kater seinen Spazierstock heben oder senken und der Fuchs seinen Kopf zur Seite drehen. Diese beweglichen Bildteile können natürlich auch wie gewohnt in einer bestimmten Position angeklebt werden.

Viel Spaß beim Gestalten wünscht Ihnen

Material & Technik

Papiere und Accessoires

Für alle Fensterbilder ist das Grundmaterial Tonkarton und Tonpapier in verschiedenen Farben und diversen Mustern. Kombiniert wird dieses Material mit Wellpappe und Stretch-Wellpappe, Moonrockpapier und den neuen Color-Transparentpapieren. Zur Ausgestaltung der Bilder dienen textile Materialien, vor allem Naturbast, Bindfaden, Satinbänder, Federn, Filz, Strickschläuche, dünner Baumwollstoff und Knöpfe sowie Gumminähfäden.

Klebstoffe

Für das Kleben von glatten Papieren eignen sich Alleskleber, z.B. UHU Alleskleber extra, und flüssiger Klebstoff, z.B. UHU Alleskleber flinke flasche. Für Wellpappe und Naturpapiere sowie für das Montieren von Stoffteilen und zur Kantensicherung der Strickschläuche empfiehlt sich Holzleim bzw. Weißleim, z.B. UHU coll Holzleim.

Das Anfertigen der Motive

Die Motive sind in Originalgröße auf den Vorlagebögen abgebildet. Transparentes Zeichenpapier auf die Vorlage legen und das Motiv mit einem weichen Bleistift durchzeichnen. Das Zeichenpapier umdrehen, mit der Vorderseite auf die Rückseite des Werkpapiers legen und mit einem harten Bleistift durchdrücken. Wird ein Motiv zweiseitig gewünscht, alle Bildteile aus Doppellagen des entsprechenden Papiers herstellen. Dazu die Werkstücke mit den Vorderseiten aufeinander legen und mit Heftklammern zusammenhalten, damit sie sich während des Schneidens nicht verschieben. Nach dem Zuschnitt die markierten Löcher für das Anbringen der beweglichen Elemente in Körper und Körperteil einknipsen (kleinste Einstellung der Lochzange).

Der Abbildung gemäß die Figuren zusammensetzen. Für eine genaue Positionierung den Vorlagebogen zu Hilfe nehmen. Die Rückseite deckungsgleich gestalten. Die separaten beweglichen Teile gegengleich aufeinander kleben. Dabei an der Figur und/oder dem beweglichen Bildteil die markierten Flächen unverklebt lassen. Die betreffenden Bereiche an den Figuren sind schraffiert, die an den beweglichen Teilen punktiert. Die beweglichen Bildteile werden immer zuletzt angebracht.

Das Annähen der beweglichen Teile

Die beweglichen Bildteile jeweils in einem Arbeitsgang mit Hilfe von zwei Knöpfen (Zweiloch) – einer auf der Vorder- und einer auf der Rückseite – mit Gumminähfaden und Sticknadel an der Figur befestigen. Dazu das bewegliche Teil so über bzw. zwischen die Figur schieben, dass die in Körper und Körperteil eingestanzten Löcher übereinander liegen. Die Sticknadel mit dem eingefädelten Gumminähfaden durch den rückwärtigen Knopf, die Papierlagen und den vorderen Knopf hindurchstechen und wieder zurückführen. Den Faden straff ziehen und den Stich zwei- bis dreimal wiederholen.

Zum Schluss die Enden auf der Bildrückseite verknoten. An einigen Figuren werden Knöpfe angenäht, die ausschließlich einen dekorativen Zweck erfüllen.

Das Anbringen der Fensterbilder

Die einzelnen Fensterbilder mit Abschnitten von Doppelklebeband oder durchsichtigen Power Strips am Fenster oder an der Tür befestigen. Die großen Figuren können auch an Fäden aufgehängt werden.

Jongleur

Material

- Tonkarton in Weiß, Gelb, Hellrot, Pink, Rosa, Ocker, Gelbgrün, Dunkelgrün, Türkisblau
- Karo-Tonkarton in Grünweiß, Rotweiß
- Streifen-Tonkarton in Rotweiß
- Pünktchen-Tonkarton in Rotweiß
- Naturbast in Hellbraun
- 2 Zweiloch-Knöpfe in Gelb, ∅ 1,2 cm
- Gumminähfaden
- Lochzange
- Sticknadel
- Filzstift in Schwarz
- Deckweiß
- Buntstift in Rot

Vorlagen

A1 - A2

1 Die große Hasenfigur aus Kopf, Halstuch, Hemd, Hose, Füßen und Schwanz zusammensetzen. Den Arm mit der Hand anbringen und einen Hosenträger sowie den Knieflicken anbringen.

2 Das Gesicht gestalten: Augen, Schnauze und Bartpunkte mit schwarzem Filzstift zeichnen, Backen mit Buntstift betonen. Die Nase sowie das Innenohr fixieren und die Stirnfransen anknoten. Zwei Bartpunkte mit dicker Nadel durchstechen, zwei dünne, feste Bastfäden einziehen und rückwärtig ankleben. Den kleinen Hasen in gleicher Weise herstellen. Beide Figuren auf der Rückseite deckungsgleich gestalten.

3 Die separaten Ohren des großen Hasen jeweils doppelt aufeinander kleben. Ein Ohr von der Vorder- und eins von der Rückseite gegen den Kopf legen und mit Hilfe von Knöpfen annähen (siehe Seite 5). Für den Hosenknopf ein Loch mit dicker Nadel durch die Papierlagen stechen und beidseitig einen dekorativen Knopf annähen. Drei Eier mit verschiedenen Mustern anfertigen und separat am Fenster anbringen.

Auf der Schaukel

Material

- Tonkarton in Weiß, Gelb, Orange, Ocker, Hellgrün, Rosa, Pink
- Wellpappe in Hellviolett
- Color-Transparentpapier mit Streifen in Gelb, Orange, Grün
- Naturbast in Hellbraun, Dunkelviolett
- Hanfschnur in Grün
- Zweig, ca. 18 cm lang
- 2 Knöpfe in Blau, ∅ 1,4 cm
- Gumminähfaden in Gelb
- Lochzange
- Sticknadel
- Filzstift in Schwarz
- Deckweiß

Vorlage B

1 Alle Bildteile für die beiden Figuren aus Tonkarton doppelt zuschneiden. Anschließend das grüne Hemd und das dreiteilige Halstuch des Hasen sowie den gelben Kükenkörper mit Streifen-Transparentpapier in passender Farbe bekleben (Klebestift).

2 Die Hasenfigur aus Kopf, Tuch, Hemd und Hose zusammenfügen. Die Ohren, Arme und Füße ergänzen und mit Innenohren und Fußsohlen ausgestalten. Auf die Schnauze Bartpunkte und Mundlinie mit schwarzem Filzstift zeichnen. Vier Bartpunkte mit einer dicken Nadel durchstechen und dünne Basthaare einziehen. Die Mundlinie einschlitzen und Zähne dazwischenschieben. Bartteil und Nase aufkleben und Stirnfransen anknoten. Das Küken mit Schnabel, linkem Flügel und Füßen vervollständigen.

3 Für die Schaukel das Sitzbrett aus Wellpappe doppelt aufeinander kleben. Beidseitig 45 cm lange Schnüre zwischenlegen und unterhalb des Bretts mit einem dicken Knoten sichern. Die Figuren auf das Brett setzen. Die Hände und den rechten Flügel über die Schnüre kleben und die Rückseite deckungsgleich ergänzen. Den Hosenknopf annähen. Er dient hier nur dekorativen Zwecken. Die oberen Enden der Schnüre an einem Zweig befestigen.

Im Hühnerstall

Material

- Tonkarton in Gelb, Hellorange, Dunkelorange, Hellgrün, Mittelgrün, Türkis, Türkisblau, Dunkelblau, Rot, Pink, Violett, Braun
- Streifen-Tonkarton in Blaugelb
- Pünktchen-Tonkarton in Orangeblau, Gelbrot
- Federn in Grün, Blau, Rosa
- pro Huhn 2 Zweiloch-Knöpfe in Hellgrün, Pink oder Violett, ∅ 1,2 cm
- Gumminähfaden in Grün, Gelb, Rot
- Lochzange
- Sticknadel
- Filzstift in Schwarz
- Deckweiß

Vorlagen

C1 - C3

1 Auf den Körpern der Hühner das Kopfteil mit Kehllappen und Schnabel fixieren. Den Kamm, die Krallen und den Schwanz von hinten gegenkleben. An der obersten Figur den rechten Flügel befestigen. Die Augen der Hühner mit schwarzem Filzstift zeichnen.

2 An den Schwänzen jeweils zwei Schlitze einritzen und kleine Federn hindurchziehen. Die Hühner auf kleine Stangen setzen und rückseitig gegengleich gestalten.

3 Den linken Flügel der obersten Tierfigur doppelt arbeiten, im punktierten Bereich offen lassen. Den Flügel über den Körper schieben und beweglich befestigen (siehe Seite 5). An den unteren beiden Hühnern auf Vorder- und Rückseite ebenfalls einen Flügel mit Gumminähfaden annähen.

Sonnenbad

Material

- Tonkarton in Hellgrau, Mittelgrün, Königsblau, Türkisblau, Pink
- Regenbogen-Tonkarton, Farbbereich: Gelb-Blau
- Pünktchen-Tonkarton in Gelbrot
- Feinwellpappe in Rosa
- Hologrammfolie in Gelb
- 25 cm Satinband in Gelb, 6 mm breit
- Naturbast in Violett
- Lochzange
- Filzstift in Schwarz
- Deckweiß
- Buntstift in Pink

Vorlagen

D1 - D2

1 Alle Bildteile doppelt zuschneiden. Den Liegestuhl aus Gestell und Bezug zusammensetzen, jedoch die vordere Gestellkante für die Figur offen lassen.

2 Die Maus gestalten, dabei die Arme nur an den Schultern und die Füße nur an den Hacken befestigen. Das Innenohr, die Nase und die Fußsohlen ergänzen. Das Gesicht mit Filzstift zeichnen, die Wangen mit Buntstift betonen und Stirnfransen aus Bast anknoten. Um den Hals der Maus ein gelbes Band knoten.

3 Die Tierfigur auf den Liegestuhl legen und dabei teilweise hinter die vordere Gestellkante schieben. Für den Schwanz einen schmalen Streifen aus Wellpappe schneiden, um einen Pinselstiel rollen und von hinten gegenkleben.

4 Für den Schmetterling zwei der drei Flügel mit Hologrammfolie bekleben. Die Figur zusammensetzen und mit Punkten dekorieren. Die Rückseite beider Figuren entsprechend gestalten.

Auf großer Fahrt

Material

- Tonkarton in Weiß, Dunkelgelb, Hellrosa, Pink, Rot, Hellbraun, Mittelbraun
- Regenbogen-Tonkarton, Farbbereich: Gelb-Grün
- Streifen-Tonkarton in Blauweiß
- Naturdruck-Tonkarton „Wasser“
- dünner, gemusterter Baumwollstoff in Rot
- Bast in Gelb, Pink
- 2 Zweiloch-Knöpfe in Gelb, ∅ 1,2 cm
- Gumminähfaden in Rosa
- Sticknadel
- Lochzange
- Filzstift in Schwarz
- Buntstift in Rosa
- Deckweiß

Vorlagen E1 - E2

1 Den Mast von hinten gegen den Bottich kleben und den hellbraunen Ring fixieren. Die Bretter und Nägel mit Filzstift zeichnen. Das Wasser mit einer weißen Welle ergänzen und eine Piratenfahne anbringen.

2 Die Bärenfigur und das Schwein zusammensetzen. Jedoch die rechte Hand des Bären und die Arme der Schweinefigur noch nicht befestigen. Die Gesichter mit Filzstift zeichnen und die Backen mit Buntstift betonen. An beiden Figuren Stirnfransen anknoten. Die Figuren in den Bottich setzen und die rechte Hand des Bären sowie den rechten Arm des Schweines anbringen.

3 Die Rückseite gegengleich gestalten. Den gelenkigen linken Arm der Schweinefigur ebenfalls doppelt kleben, dabei die punktierte Fläche offen lassen. Diesen Arm auf den Körper stecken und mit Knöpfen befestigen (siehe Seite 5). Dem Bären ein Stirnband umknoten.

Wandergeselle

Material

- Tonkarton in Gelb, Orange, Mittelgrün, Hellgrau, Hellrot, Rosa, Dunkelbraun, Schwarz
- Tierfelldruck-Tonkarton „Leopard"
- Feinwellpappe in Pink
- 25 cm Satinband in Pink, 6 mm breit
- Bast in Gelb
- Borsten vom Handfeger
- 2 Zweiloch-Knöpfe in Blau, ∅ 1,2 cm
- Gummінähfaden in Gelb
- Sticknadel
- Lochzange
- Filzstift in Schwarz
- Deckweiß
- Buntstift in Rosa

Vorlage F

1 Die Tierfigur aus Kopf, Hemd, Hose, Füßen und Schwanz zusammensetzen. Den Rucksack mit Klappe und Riemen anbringen, einen Flicken dekorieren und den linken Arm aufkleben. Den Kopf und die Pfoten der Maus am Rucksack befestigen.

2 Die Gesichter von Kater und Maus mit schwarzem Filzstift zeichnen, die Backen mit Buntstift betonen sowie die Innenohren und die Nasen fixieren. Beim Kater die Bartpunkte mit einer dicken Nadel durchstechen, feine Borstenhaare hindurchziehen und rückseitig ankleben (Klebefilm). Stirnfransen aus Bast anknoten. Die Maus erhält zwei große Nagezähne.

3 Die Bildrückseite gegengleich ergänzen, dabei den schraffierten Bereich offen lassen. Den rechten separaten Arm mit dem Stock doppelt arbeiten und auf jeder Seite die Finger darauf kleben. Den Arm zwischen den Oberkörper und den unteren Teil des Stocks zwischen das rechte Hosenbein und den Fuß stecken.

4 Das bewegliche Bildteil mit Hilfe von Knöpfen annähen, wie auf Seite 5 beschrieben. Dem Kater ein pinkfarbenes Satinband umknoten.

Fleißiger Maulwurf

Material

- Tonkarton in Mittelgelb, Hellgelb, Orange, Mittelblau, Mittelbraun, Dunkelbraun
- Regenbogen-Tonkarton, Farbbereich: Blau-Violett, Grün-Blau
- Streifen-Tonkarton in Grünweiß
- Karo-Tonkarton in Grünweiß
- Feinwellpappe in Rosa, Türkis
- dünner gemusterter Baumwollstoff in Pink
- dünne Schnur in Grün
- 2 Zweiloch-Knöpfe in Pink, ∅ 1,3 cm
- Gummінähfaden in Gelb
- Sticknadel
- Lochzange
- Filzstift in Schwarz
- Filzstift in Rosa
- Deckweiß
- Messingdraht

Vorlagen

G1 - G5

1 Den Maulwurf aus Kopf, Tuch, Hemd, Hose, Füßen und Armen zusammensetzen. Dabei den linken zweiteiligen Arm nur am Ellenbogen, den rechten nur am Oberarm befestigen. Den Spaten an beiden Händen und der Fußspitze fixieren. Das Gesicht zeichnen, die rosa Nase ankleben und die Backen mit Buntstift betonen. Den Hut einschlitzen, der Figur aufsetzen und eine Blume hinter den Rand stecken.

2 An der Hose einen Taschenschlitz einritzen und einen grünen Streifen daran kleben. Die Rückseite gegengleich gestalten, dabei die obere Nasenkante bis zum Hut offen lassen und die Hose im Taschenbereich nicht verkleben. Einen dekorativen Hosenknopf annähen. Eine doppelte Schnur um die Taille binden und ein Tuch in den Taschenschlitz schieben. Aus Messingdraht einen Kneifer formen (Vorlagebogen), etwas zwischen die Nasenkante schieben, dort fixieren und die Kante zusammenkleben.

3 Die Laterne gestalten. Die Eule zusammenfügen und vor dem Mond auf einen Ast setzen. Daran die Laterne festbinden.

Schlauer Fuchs

Material

- Tonkarton in Weiß, Gelb, Ocker, Mittelgrün, Pink, Mittelbraun, Schwarz
- Regenbogen-Tonkarton, Farbbereich: Blau-Violett, Gelb-Grün, Orange-Rot
- Karo-Tonkarton in Blauweiß
- Bast in Orange
- Halme
- 4 Zweiloch-Knöpfe in Blau, ∅ 1,3 cm
- Gummінähfaden in Pink
- Sticknadel
- Lochzange
- Filzstift in Schwarz
- Deckweiß
- Buntstift in Rosa

Vorlagen

H1 - H3

1 Das Halsteil doppelt aufeinander kleben. Den Knopf daran befestigen, dabei den punktierten Bereich offen lassen. Das Gesicht mit schwarzem Filzstift zeichnen, die Innenohren und die Nase fixieren, die Stirnfransen anknoten. Auf der Rückseite mit dem Kopf in gleicher Weise verfahren.

2 Den Körper separat aus Hemd, Hose und Füßen zusammensetzen. Die Weste aufkleben und die Hände anbringen. An der Hose Tasche und Flicken ergänzen. Die Rückseite des Körpers deckungsgleich gestalten, dabei den schraffierten Bereich nicht verkleben.

3 Den Kopf so weit in das Körperteil einschieben bis alle eingestanzten Löcher übereinander liegen und dann mit Hilfe von Knöpfen eine bewegliche Verbindung herstellen (siehe Seite 5). Den zweiten, nur dekorativen Knopf ebenso befestigen, dafür zuvor ein Loch mit dicker Nadel bohren.

4 Die Vogelfigur gestalten, Pupillen sowie Schnabellinie zeichnen und Halme unter den Flügel schieben. Den Baum mit bunten Blättern schmücken. Beide Bildteile auf der Rückseite ebenso gestalten.

Herbststurm

Material

- Tonkarton in Gelb, Pink, Hellgrün, Beige
- Canson in Dunkelorange
- Regenbogen-Tonkarton, Farbbereich: Gelb-Grün, Orange-Rot
- Streifen-Tonkarton in Orangeblau
- Pünktchen-Tonkarton in Gelbrot
- Stretch-Wellpappe in Orange
- Bast in Violett
- Strickschlauch in Rotweiß, ∅ 4 cm
- Wollfaden in Rot
- 2 Zweiloch-Knöpfe in Grün, ∅ 1,3 cm
- Gumminähfaden in Pink
- Lochzange
- Sticknadel
- Filzstift in Schwarz, Rot
- Deckweiß
- Buntstift in Rot
- Lochzange

Vorlagen
J1 - J3

1 Die Kinderfigur aus Kopf, Jacke, Hemd, Hose, Beinen und Schuhen kleben. Das Halstuch anbringen, die Tasche aufsetzen und Schnürsenkel dekorieren. Die Augen mit schwarzem, die Sommersprossen mit rotem Filzstift zeichnen und die Backen mit Buntstift betonen.

2 An dem „Haarteil" kleine Schlitze einritzen. Für die Locken einen schmalen Streifen Stretch-Wellpappe dehnen, kleine Abschnitte davon in die Schlitze hineinstecken und rückwärtig fixieren. Das „Haarteil" am Kopf befestigen und die Bildrückseite entsprechend gestalten.

3 Beide Arme doppelt kleben, dabei jeweils die entsprechende Hand mit zwischenschieben. Einen Arm von der Vorder- und einen von der Rückseite gegen den Körper legen und mit Hilfe von Knöpfen (siehe Seite 5) fixieren. Bunte Blätter anfertigen.

4 Für die Mütze ein etwa 9 cm langes Stück Strickschlauch abschneiden, das obere Ende mit einem Wollfaden abbinden und die untere Kante nach außen aufrollen. Eine Pappform in die Mütze stecken und fixieren.

Rodelpartie

Material

- Tonkarton in Weiß, Hellorange, Grün, Schwarz
- Tonpapier Weiß
- Filz in Rot, Pink, Orange
- Pompons in Rot (Meterware Kaufhaus)
- Bast in Schwarz
- 4 Zweiloch-Knöpfe in Schwarz, ∅ 1,2 mm
- Gumminähfaden in Gelb
- Sticknadel
- Lochzange
- Filzstift in Schwarz
- Deckweiß
- Motivlocher „Schneekristall"

Vorlagen
K1 - K3

1 Die Pinguine aus dem schwarzen und dem weißen Körperteil zusammensetzen, mit Schnäbeln und Füßen ausstatten. Die Augen aufkleben, die Schnabelstriche zeichnen und die Stirnfransen anknoten. Die Figuren auf den Schlitten setzen und die Rückseite gegengleich ergänzen.

2 Die noch separaten Flügel doppelt arbeiten, dabei nur die Flügelspitzen aufeinander kleben, der punktierte Bereich bleibt jeweils offen. Die Flügel über die Bauch- bzw. Rückenkanten der Pinguine schieben, bis die eingestanzten Löcher deckungsgleich sind. Mit Hilfe von Knöpfen befestigen (siehe Seite 5).

3 Jede Figur erhält einen 2,5 cm breiten Filzschal. Der pinkfarbene Schal misst 26 cm, der rote 29 cm. Das Band mit den Pompons rückseitig an die Schalenden kleben. Einen schmalen orangefarbenen Filzstreifen an den Schlitten knoten und an der Flügelspitze des vorderen Pinguins fixieren. Weiße Wolken herstellen und Schneekristalle ausstanzen.

Wunschzettel

Material

- Tonkarton in Weiß, Beige, Mittelgrün, Türkisblau, Rot
- Stretch-Wellpappe in Weiß
- Architekten-Transparentpapier
- Filzstift in Schwarz
- Deckweiß
- selbstklebende Sterne in Gold
- Lackstift in Grün

Vorlagen L1 - L2

1 Die Bildelemente aus Tonkarton doppelt schneiden. Für die weißen Besatzteile Schablonen herstellen und die Teile für Vorder- und Rückseite jeweils einzeln aus zuvor gedehnter Stretch-Wellpappe arbeiten. Das Gesicht auf die Grundform kleben. Backenbart, Schnurrbart und Nase darauf setzen, Augen und Mund zeichnen. Mit Deckweiß Lichtpunkte in die Augen setzen.

2 Den rechten Ärmel auf der Figur fixieren, den linken von hinten anbringen. Die Hände nur an ihrem obersten Rand befestigen, sonst lose lassen. Den Pelzbesatz und den Bommel anbringen, die Stiefel ergänzen. Die Rückseite gegengleich gestalten.

3 Den Wunschzettel aus Architekten-Transparentpapier arbeiten. Auf die Innenseite die Wünsche mit grünem Lackstift schreiben. Anfang und Ende des Zettels nach außen aufrollen und mit goldenen Sternen bekleben. Den Wunschzettel an den Händen des Weihnachtsmannes befestigen. Auf der Rückseite ebenso verfahren. Hier reicht der Zettel nur bis zum Mantelsaum und wird nicht aufgerollt.

Wichtel mit Geschenken

Material

- Tonkarton in Gelb, Beige, Dunkelorange, Mittelgrün, Rot, Pink, Braun
- Streifen-Tonkarton in Grünweiß
- Wellpappe in Hellbraun, Türkisblau
- Stretch-Wellpappe in Rot
- Moonrockpapier in Gelb
- Bast in Gelb
- 2 Briefklammern
- Pompon in Rot (Meterware)
- 4 Zweiloch-Knöpfe in Hellblau, ∅ 1,3 cm
- Gumminähfaden in Gelb
- Sticknadel
- Lochzange
- Filzstift in Schwarz
- Deckweiß
- Buntstift in Pink

Vorlage M

1 Die Wichtelfigur aus Kopf, Schal, Jacke, zweiteiliger Hose, Beinen und Schuhen zusammensetzen. Die Arme anbringen, dabei rechts einen „Schattenstreifen" unterschieben. Beide Hände ergänzen. Die Nase aufkleben, Augen und Mund zeichnen sowie die Backen malen.

2 Haare aus Bast am Oberkopf festkleben und eine Mütze aus gedehnter Stretch-Wellpappe darüber setzen. Einen Pompon mit Faden am Mützenzipfel zwischenkleben. Die Wichtelfigur rückseitig gegengleich arbeiten, die rechte Hand jedoch noch nicht verkleben. An der Jacke zwei dekorative Knöpfe nähen (siehe Seite 5).

3 Den Handwagen gestalten: die Räder mit Briefklammern befestigen, das Paket mit einem dünnen Streifen Stretch-Wellpappe umwickeln und zusammen mit einem Weihnachtsbaum „aufladen". Den kleinen Bären kleben, die Schnauze anbringen und das Gesicht zeichnen. Den Wagen an Hand und Fuß des Wichtels fixieren und auf der Rückseite vervollständigen.

Winterdienst

Material

- Tonkarton in Weiß, Schwarz
- Streifen-Tonkarton in Rotweiß
- Pünktchen-Tonkarton in Rotweiß
- Wellpappe in Weiß, Blau
- 12 cm Strickschlauch in Rot, ∅ 4,5 cm
- 8 cm Strickschlauch in Rot, ∅ 3,0 cm
- 7 cm Strickschlauch in Gelb, ∅ 3,0 cm
- 6 cm Strickschlauch in Gelb, ∅ 1,5 cm
- Wollfaden in Rot
- Filzstift in Schwarz
- Buntstift in Rot
- Deckweiß
- Weißleim

Vorlage N

1 Beide Eisbären aus weißem Tonkarton schneiden, die Schnauzen aus Wellpappe gestalten, bei der großen Figur auch den Bauch und die Fußsohlen. Den rechten Arm des großen Bären nur an der Schulter befestigen, bei dem kleinen eine Armlinie markieren. Beide Bären erhalten einen rotweiß gemusterten Schal. Die Nasen ankleben und die Gesichter zeichnen.

2 Die Schneeschaufel am Bauch des großen Bären ankleben und seine linke Hand ergänzen. Den kleinen Bären auf die Schaufel setzen, dabei nur den Bauch und den Arm befestigen. Das Bild auf der Rückseite ergänzen.

3 Für die Mützen, die Arm- und die Beinstulpen Strickschläuche in den angegebenen Maßen abschneiden. Die Schnittkanten dünn mit Weißleim einstreichen und damit gegen Aufrebbeln sichern. Nach dem Trocknen die oberen Enden der Mützen mit einem Wollfaden abbinden. Die unteren Kanten nach außen umkrempeln und damit die Bären schmücken.

4 Die Stulpen über den Arm und die Beine ziehen. Rückseitig am Arm der großen und am unteren Bein der kleinen Figur jeweils noch eine Stulpe anbringen.

Impressum

ISBN 3-419-56451-1

Textredaktion:
Ursula Brunn-Steiner, Groß-Gerau

Styling und Fotos:
Roland Krieg, Waldkirch

Covergestaltung und Layoutentwurf:
Network!, München

Coverrealisierung:
smp, Freiburg

Produktion:
Carsten Schorn, Merzhausen

Druck:
Freiburger Graphische Betriebe

Wir sind für Sie da, wenn Sie Fragen haben.
Und wir interessieren uns für Ihre eigenen Ideen und Anregungen.
Schreiben Sie uns, wir hören gerne von Ihnen!
Ihr Christophorus-Team

Christophorus-Verlag GmbH
Hermann-Herder-Str. 4
79104 Freiburg
Tel.: 0761/ 27 17-0
Fax: 0761/ 27 17-3 52
oder e-mail:
info@christophorus-verlag.de

www.christophorus-verlag.de

Aus der Brunnen-Reihe

3-419-56316-7

3-419-56386-8

3-419-56384-1

3-419-56385-X

3-419-56317-5